Hot Sandwich Maker

MADE IN JAPAN

これって **ホットサン~~ドメー~~カー**で作る

絶対~~にうまい~~やつ!

JN055215

編／キャンプめし愛好会

主婦の友社

ホットサンド
メーカーの
<u>ココがスゴイ!</u>

自宅でも
キャンプでも
使える

圧をかけて
美味しさを凝縮

スゴイ！

1人分にちょうど
いい大きさ

ひっくり返して
両面焼ける

何でも美味しくしてくれる
HSM は魔法の調理器具

直火式の HSM（ホットサンドメーカー）は、フ
ライパンを 2 枚向かい合わせた構造が特徴。
何の変哲もないようだけれど、HSM で調理す
るだけで、料理が抜群に美味しくなるのが人気
の理由。まさに魔法の調理器具だ。

この本で使っている
ホットサンドメーカー

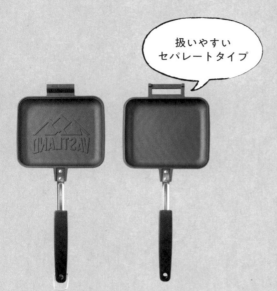

扱いやすい
セパレートタイプ

セパレートタイプは
どんな調理にも対応

HSMには、焼き上がりのホット
サンドを半分にカットしやすいよう
に仕切りの付いた構造のダブル
と、仕切りのないシングルがあ
る。本書で使用しているのは、
シングルで2つに完全に分けら
れるセパレートタイプ。

**ホットサンドメーカー
シングル 直火式
燕三条製（VASTLAND）**

サイズ：約幅15×長さ35.5×高さ4cm
重量：約520g

焼き色を確認できるから
誰でも失敗なし!

カリッとした
焼き上がり!

誰でも理想の焦げ
具合に仕上げられる

ホットサンドは、焼き加減が重要
となるが、HSMなら焼き加減を
焦げ具合で判断できるし、その
チェックも簡単。しかも、素材を
引っくり返すことなく、HSMを裏
返すことで、両面ムラなく焼ける
のも便利。

カリッ!

ホットサンドメーカーは

ホットサンドを作るため
だけのものじゃない！

あらゆる調理に対応できる
HSM はひとり料理の便利器具

HSM はホットサンドを作るためのものと思っている人が多いが、それは大間違い。実は焼き物、蒸し物、揚げ物、煮物と何でもござれで、1人分の料理を作るなら、他の調理器具より美味しく、手軽にできてしまう。

でき**る**ヤツ！

HSM 調理における
簡単なコツとポイント

HSM 調理のポイントでおさえて
おきたいのは、火加減と油の
処理。強火はすぐに焦げ付いて
しまうので、中〜弱火が基本。
HSM を裏返す際には、油など
の汁がこぼれてもいいように、
皿の上で行うのがいい。

揚げる
Fry

煮る
Boil

Contents

Chapter 1　コンビニ活用レシピ

Chapter 2　巻いて焼くから超ウマいレシピ

Chapter 3　定番料理＆満足メシ

Chapter 4　イタリアンなレシピ

Contents

Chapter 5　手軽におつまみレシピ

Column

Chapter 1

コンビニ活用レシピ

| Before |

Cooking Time

弱火で
8〜10
分

カリカリで濃厚な旨み!
新感覚の牛丼に思わず感動!

グリル牛丼

仕上げの卵黄で
旨さ倍増！

Foodstuff

ごま油…適量
牛丼（コンビニなどの市販品）…1 食分（ごはん含む）
マヨネーズ…適量
卵黄…1 個分
ネギ（カット済み）…適量

How to make

1 HSM の両面にごま油を塗り、牛丼をのせる。
2 HSM の蓋を閉じ、弱火で 8 〜 10 分裏返しながら焼く。
3 マヨネーズを絞り、卵黄をのせ、ネギをのせる。
　好みで七味唐辛子をふる。

Cooking Time

弱火で

8〜10

分

五目と焼き鳥の旨み＋
おコゲ的食感が絶妙！

焼き親子飯

\ Before /

Foodstuff

鶏五目おにぎり
（コンビニなどの市販品）…2個
焼き鳥缶…1缶
卵…1個
サラダ油…適量

How to make

1 HSMにサラダ油を薄く塗り、
　鶏五目おにぎりを押しつぶすようにして入れる。

2 焼き鳥缶をのせ、
　蓋を閉じ弱火で8〜10分裏返しながら焼く。

3 火からおろし、卵を割り入れて、混ぜながら食べる。

割り入れた卵が
ふわとろに！！

焼売がエビチリソースで
簡単に絶品中華と化す!

スパイシー焼売

トッピングは
パクチーで!

Foodstuff

サラダ油…適量
焼売（市販品）…6個
エビチリ（コンビニなどの市販品）…1袋（140g）
パクチー（好みで）…適量

How to make

1 HSMにサラダ油を薄く塗り、焼売を並べる。
2 蓋を閉じて弱火で6〜7分裏返しながら焼く。
3 蓋を開けて、エビチリをかけ、2〜3分焼く。
　　好みでパクチーをのせて食べる。

Before

普通のミートボールが
豪華で濃厚な一品に！

ミートボール
焼きカレー

Foodstuff

サラダ油…適量
レトルトミートボール（コンビニなどの市販品）…1 袋（110g）
レトルトキーマカレー（コンビニなどの市販品）…1 袋
ピザ用チーズ…40g
ドライパセリ…少々
ブラックペッパー…少々

| Before |

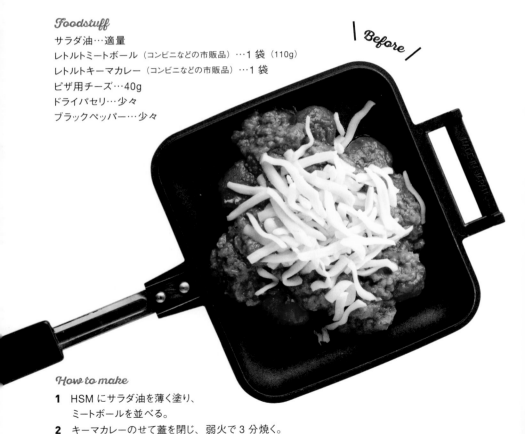

How to make

1 HSM にサラダ油を薄く塗り、
　ミートボールを並べる。
2 キーマカレーのせて蓋を閉じ、弱火で 3 分焼く。
3 ピザ用チーズをのせて、蓋をしてチーズを溶かす。ドライパセリとブラックペッパーをふる。

バゲットとも
相性抜群！

鯖の風味をポテサラの
まったり風味が後押し!

グリルポテサラ

マヨネーズ＋で
ほぐして食す

Foodstuff

ポテトサラダ（コンビニなどの市販品）…1 袋（120g）
鯖の塩焼き（コンビニなどの市販品）…1 パック
マヨネーズ、ドライパセリ…適量
オリーブオイル…適量

How to make

1 HSM にオリーブオイルを薄く塗り、
　 ポテトサラダと鯖をのせる。

2 蓋をして弱火で 7 〜 8 分焼く。

3 マヨネーズを絞り、パセリをふる。

Before

濃厚シチューとカニの旨み
失敗しない絶品メニュー

カニグラタン

\ Before /

Foodstuff

ドライパン粉…20g
カニカマ
（コンビニなどの市販品）…1袋（110g）
オリーブオイル…適量
レトルトシチュー（市販品）…1/2袋

How to make

1 HSMにパン粉をひき、切ったカニカマをのせる。
オリーブオイルをまわしかけ、レトルトシチューをのせる。
2 蓋を閉じ、弱火で4分、裏返して3分焼く。

カリッとした食感で味わう
バターとあんの絶妙コラボ

カリカリ
あんバターパン

のせた岩塩が
味の引き立て役

Foodstuff

バター（切れているもの）…1個
あんぱん（小さめ）…4個
岩塩…少々

How to make

1 HSMにあんぱんを並べ、バターをのせる。
　蓋を閉じて弱火で6〜7分裏返しながら焼く。
2 岩塩をのせる。

加熱したキャベツの甘みと旨みを味わう！

千切りキャベツの ホットサラダ

\Before /

Foodstuff

キャベツの千切り
（コンビニなどの市販品）…1 袋（150g）
卵…1 個
オリーブオイル…適量
キャンプ用シーズニング…小さじ 1

How to make

1　HSM にキャベツの千切りをのせ、真ん中をくぼませ、
　　卵を割り入れ、オリーブオイルをまわしかける。
2　キャンプ用シーズニングをふり、蓋をして、
　　弱火で 6 〜 7 分焼く。
　　HSM の蓋が閉じにくい時は無理をせず、
　　しばらく加熱してから閉じると閉じやすい。

Cooking Time

弱火で
6〜8
分

辛子とマヨ&ハニーで悪魔的旨さに!

カリカリチキンの ハニーマスタード

Foodstuff

から揚げ（コンビニなどの市販品）…6 個くらい
粒マスタード…大さじ 1
マヨネーズ…適量
はちみつ…適量

How to make

1　HSM にから揚げを並べ、
　蓋を閉じて弱火で 6 〜 8 分裏返しながら焼く。

2　粒マスタードをから揚げに塗り、
　マヨネーズとはちみつをかける。

Before

Cooking Time

弱火で

8～10

分

パンの香ばしさと焼きそばの絶妙コラボ

焼きそばトーストパン

Foodstuff

インスタント焼きそば…1個
サラダ油…適量
食パン（8枚切り）…4枚
マヨネーズ…適量

\ Before /

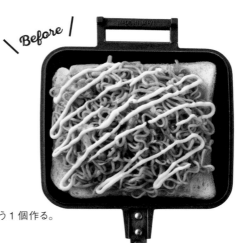

How to make

1　インスタント焼きそばにお湯を入れて作る。

2　HSM にサラダ油を薄く塗り、
　食パンを 1 枚おいて焼きそばを半量のせ、
　マヨネーズをかける。

3　もう 1 枚の食パンで挟んで蓋を閉じ、
　弱火で 8 ～ 10 分裏返しながら焼く。同様にもう 1 個作る。

Cooking Time

弱火で
6
分

HSM で焼きたて感を復活させる
ホットメロンパン

| Before /

Foodstuff

メロンパン…1 個
バター（切れているもの）…1 個

How to make

1 メロンパンの裏側に
穴を開けてバターを入れる。

2 HSM に **1** を入れて
弱火で 6 分くらい
裏返しながら焼く。

料理ひと皿、まんまパンのせで丸かじり！

ハンバーグパンプレート

Foodstuff

バター（切れているもの）…1個
レタス…1枚
ベーコン（ハーフサイズ）…4枚
食パン（8枚切り）…2枚
レトルトハンバーグ（コンビニなどの市販品）…1個
ポテトサラダ（市販）…大さじ1

\ Before /

How to make

1 HSMにバターを置き、ベーコンを炒めて取り出す。

2 1に食パンを置いて、レタス、ハンバーグ、
ポテトサラダ、1をのせて残りの食パンで挟んで蓋を閉じる。
弱火で8〜10分焼く。

Cooking Time

弱火で **5〜6** 分

冷凍たこ焼きがまるでお店の味に!

冷凍たこ焼きの
チーズ焼き

Foodstuff

サラダ油…適量
冷凍たこ焼き（コンビニなどの市販品）…1袋
ピザ用チーズ…40g

How to make

1 HSMにサラダ油を薄く塗り、
　冷凍たこ焼きを並べる。
2 蓋をして弱火で5〜6分焼く。
3 火からおろし、ピザ用チーズをのせて、
　蓋をしてチーズを溶かす。

\ *Finish* /

Cooking Time

弱火で **6** 分

肉まんの旨みがバター風味で倍増する!

肉まんホットサンド

Foodstuff

バター（切れているもの）…1個
肉まん（コンビニなどの市販品）…1個

How to make

1 HSMにバターを塗る。
2 肉まんを置いて蓋を閉じ、
　弱火で6分くらい裏返しながら焼く。

\ *Finish* /

メイプルシロップがけで、旨みがディープに!

チーズアメリカンドッグ

Finish

Foodstuff

サラダ油…適量
アメリカンドッグ（コンビニなどの市販品）…3 本
ケチャップ…適量
ピザ用チーズ…40g
メープルシロップ…適量

How to make

1 HSM にサラダ油を薄く塗り、
  アメリカンドッグを並べる。
2 蓋をして弱火で 5 〜 6 分焼く。
3 火からおろし、ケチャップをかけてからピザ用チーズをのせて、
  蓋をしてチーズを溶かす。
4 メープルシロップをかける。

ガーリックがガツンと来る旨み!

ガーリックトースト

Finish

Foodstuff

オリーブオイル…適量
フランスパン…2 枚（厚めに縦に切る）
ペペロンチーノの素
（コンビニなどの市販品）…1 袋（21g）

How to make

1 HSM にオリーブオイルを薄く塗り、
  フランスパン 2 個を並べる。
2 ペペロンチーノの素を塗り、
  蓋を閉じて弱火で 6 〜 7 分裏返しながら焼く。

Chapter 2

巻いて焼くから超ウマいレシピ。

カリカリの豚肉に溶ける
チーズとトマトが劇的旨さ!

肉巻き
トマトステーキ

\ Before /

Foodstuff

トマト…2 枚（厚さ1cm の輪切り）
スライスチーズ…2 枚
豚薄切り肉…12 枚
オリーブオイル…適量
アウトドアスパイス…適量（お好み）

How to make

1　トマトを輪切りにする。

2　チーズにトマトスライスをのせ、薄切り肉で巻く。
　　トマト 1 枚に 3 枚の肉をたすき掛けのように
　　巻くとやりやすい。

3　HSM にオリーブオイルを薄く塗り、2 をのせ、
　　弱火で 7 〜 8 分裏返しながら焼く。
　　お好みでアウトドアスパイスをふる。

ミルフィーユな
豚肉の甘みも◎

料理酒やタレで
味が広がっている

Cooking Time

弱火で
7〜8
分

カリカリ豚肉＆ホクホクキャベツ
2つの旨みをWで味わう！

豚巻きキャベツ

\ Before /

Foodstuff

キャベツ…1/6 玉
豚バラ肉スライス…6 〜 9 枚
塩こしょう…少々
薄力粉…適量
A ┃ しょうゆ…大さじ 1/2
　　┃ コチュジャン…大さじ 1
　　┃ はちみつ…大さじ 1/2
　　┃ 白ごま…小さじ 1
サラダ油…適量
料理酒…大さじ 1

How to make

1　キャベツを6 〜 8 等分に切る。
2　キャベツ 1 枚に対し、豚バラ肉スライス 2 〜 3 枚で巻く。
　　塩こしょうをふり、さらに薄力粉をまぶす。
3　**A** を混ぜ合わせ、タレを作る。
4　HSM にサラダ油を薄く塗り、**2** を並べる。
　　料理酒を入れ、弱火で 7 〜 8 分裏返しながら焼く。
　　3 のタレをかける。

みたらし団子を肉で巻く
新感覚の旨さにやみつき

豚巻き
みたらし団子

Foodstuff

豚バラ肉…4〜6枚
みたらし団子（市販品）…3本
塩、こしょう…少々

How to make

1 豚バラ肉でみたらし団子を巻く。塩、こしょうをふる。
2 HSM にサラダ油を薄く塗り、**1** を並べ、
　 蓋をして弱火で 8〜10 分裏返しながら焼く。

| Before |

甘さが後から
遅れてやってくる

Cooking Time

弱火で
5〜6
分

カリカリ豚肉からカニカマの旨みがほとばしる！

豚バラ巻き串焼き

\ Before /

Foodstuff

豚バラスライス肉…4 枚
さけるチーズ…2 本
カニカマ…8 本
塩、こしょう…適量
サラダ油…適量

How to make

1　豚バラ肉は半分の長さに切る。
　　さけるチーズは、4 等分に切る。
2　豚バラにカニカマとチーズを
　　1 個ずつ置いて巻いて 1 本の串に 4 個ずつ刺す。
　　塩、こしょうをふる。
3　HSM にサラダ油を薄く塗り、
　　2 を置いて蓋をして弱火で 5 〜 6 分裏返しながら焼く。

Cooking Time

弱火で
7〜8
分

カリカリ皮と大葉&チーズの最強トリオ!

6P チーズの 餃子の皮包み焼き

Foodstuff

餃子の皮（大きめ）…6 枚
大葉…6 枚
6P チーズ…1 個
水…適量
サラダ油…適量
岩塩…少々（お好み）
ブラックペッパー…少々（お好み）

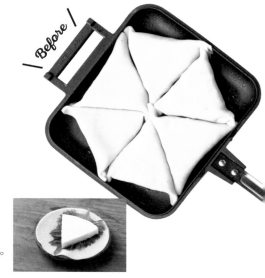

Before

How to make

1　餃子の皮に大葉と 6P チーズをのせて、
　水で餃子の皮を貼り付けながら三角に包む。
2　HSM にサラダ油を薄く塗り、**1** を並べる。
3　蓋を閉じて弱火で 7 〜 8 分裏返しながら焼く。
　好みで岩塩やブラックペッパーをかける。

\ Before /

トマトチーズの ベーコン包み

Cooking Time
弱火で
5〜6 分

Foodstuff

トマト（大）…1 個
スライスチーズ…2 枚
ベーコン…7 枚
サラダ油…適量
アウトドアスパイス…適量

How to make

1　トマトはヘタを取り、横に 4 等分に切る。

2　ベーコンを放射状に並べ、スライスしたトマト、スライスチーズ、スライスしたトマト、スライスチーズの順にのせてベーコンで包む。

3　HSM にサラダ油を薄く塗り、2 を置いて蓋を閉じ、弱火で 5 〜 6 分、途中裏返して焼く。好みでアウトドアスパイスをふる。

豚とナスの最強コラボを照り焼きで増強!

豚巻きナスの照り焼き

Cooking Time

弱火で

7~8

分

Foodstuff

ナス…1.5 本

A | 酒…小さじ 2
| 砂糖…小さじ 2
| しょうゆ…小さじ 2
| にんにく (チューブ) …少々

豚バラスライス肉…6 枚
サラダ油…適量
ゴマ (白) …少々

\ Before /

How to make

1　ナスは 5 センチくらいの長さの 8 等分に切る。
　　A は混ぜ合わせる。

2　豚バラ肉でナスを 2 本ずつ巻く。

3　HSM にサラダ油を薄く塗り、**2** を並べ、
　　A をかけて蓋をし、弱火で 7 ～ 8 分焼く。ゴマをふる。

041

カリカリの肉と
ご飯の甘みが◎！

Cooking Time

弱火で
5
分

相性マックスのスモーキーコンビ!

スモークチーズの
ベーコン巻き

Foodstuff

ベーコン（ハーフサイズ）…12 枚
スモークチーズ（おつまみサイズ）…12 個
アウトドアスパイス…適量
サラダ油…適量

How to make

1　ベーコンでスモークチーズを巻いて
　　串に刺していく。
2　**1** にアウトドアスパイスをふる。
3　HSM にサラダ油を薄く塗り、
　　2 を置いて蓋をして弱火で 5 分ほど
　　裏返しながら焼く。

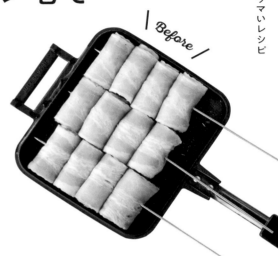

| Before |

Cooking Time

弱火で
7〜8
分

焼き肉のタレ味の豚肉でご飯を巻く!

肉巻きおにぎり

Foodstuff

ご飯…適量
豚バラ肉…6 枚
サラダ油…適量
焼肉のタレ…大さじ 1 〜 2
白ごま…適量

How to make

1　ご飯を俵型にして 6 個作る。
2　**1** に豚バラを巻き、サラダ油を塗った
　　HSM に並べて焼肉のタレをかける。
3　蓋をして弱火で 7 〜 8 分、途中裏返して焼く。
　　白ごまをふる。

\ Before /

ネギのとろみと甘みを肉で頬張る!

肉巻きネギ

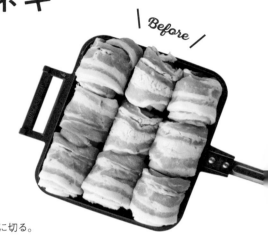

\ Before /

Foodstuff

白ネギ…1 本
豚バラ肉…4 〜 6 枚
A | しょうゆ…大さじ 1/2
　　 酒…大さじ 1/2
　　 みりん…大さじ 1/2
　　 砂糖…小さじ 1
サラダ油…適量

How to make

1 ネギに豚バラ肉を巻き、食べやすい大きさに切る。

2 **A** を混ぜ合わせる。

3 HSM にサラダ油を薄く塗り、**1** を並べる。
　　 蓋をして弱火で 8 〜 10 分裏返しながら焼く。

4 焼き色がついたら、合わせた **A** を入れて絡める。

Hot Sandwich Maker Recipes

Chapter 3

定番料理＆満足メシ

Cooking Time

弱火で
5
分

シンプルなハッシュドポテトが
手軽に豪華な朝食に進化!

ハッシュド朝ポテト

**とろける卵と
チーズが絶妙！**

| Before |

Foodstuff

サラダ油…適量
冷凍ハッシュドポテト…2 枚
卵…1 個
クリームチーズ（切れているタイプ）…2 個
アウトドアスパイス…少々

How to make

1 HSM にサラダ油を薄く塗り、ハッシュドポテトを並べる。

2 卵を真ん中にそっと割り入れ、
   クリームチーズを卵の両脇に置く。

3 蓋をして弱火で 5 分ほど焼く。アウトドアスパイスをふる。

ピラフとミートソースで
お手軽イタリアンを満喫！

ごはんラザニア

| Before |

Foodstuff

サラダ油…適量
冷凍ピラフ（市販品）
…1袋（170g）
ミートソース（市販品）…1袋（100g）
ピザ用チーズ…30g
ドライパセリ…少々

How to make

1　HSMにサラダ油を薄く塗り、冷凍ピラフを 2/3 量入れる（凍ったままで良い）。
2　ミートソースとチーズをのせ、覆うように残りのピラフをのせる。
3　HSMの蓋を閉じて、弱火で 8〜10 分裏返しながら焼く。ドライパセリをふる。
HSMの蓋が閉じにくい時は、無理をせず、しばらく加熱してから閉じると、閉じやすい。

手間のかかるお好み焼きも
簡単に美味しく失敗知らず！

簡単広島風
お好み焼き

Foodstuff

サラダ油…適量
具材（肉、魚介類、チーズなど）…お好みで
焼きそば…1袋
生卵…1〜2個
ピザ用チーズ…適量
お好み焼きソース…適量
かつお節…適量
マヨネーズ…適量

本格的な
広島風の完成

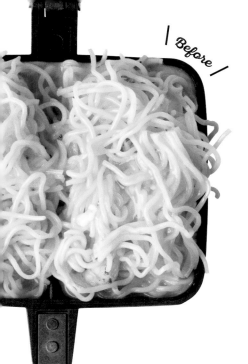

| Before |

How to make

1 HSMにサラダ油を薄く塗り、
 具材を軽く炒め、取り分けておく。

2 再度、HSMにサラダ油を薄く塗り、
 ほぐした焼きそばの半量をのせる。

3 溶いた生卵の半量を焼きそばの
 上に流し入れる。
 その上にチーズと **1** の具材をのせる。
 さらに残りの焼きそばをのせ、
 生卵を入れる。

4 蓋をして中火で7〜8分
 裏返しながら焼く。
 ソース、かつお節、マヨネーズをかける。

ピリ辛の高菜とマイルドな
ポテサラの最強異種コラボ!

ピリ辛
ホットサンド

| Before |

Foodstuff

食パン（好みのもの）…2枚
スライスチーズ…1枚
ポテトサラダ（市販品）…1袋（100g）
高菜漬け（刻んであるもの）…50g

How to make

1 HSMに食パンを1枚置き、
　スライスチーズ、ポテトサラダ、
　高菜漬けの順にのせ、
　もう1枚のパンで挟む。

2 蓋をして弱火で8〜10分ほど焼く。

焼いたパンとの
相性もマックス！

カリッ＆トロッの
贅沢おにぎり

Cooking Time

弱火で
10
分

豚バラ肉とチーズが
反則級の旨さでご飯を包む

とろける
カマンベールの
肉包み爆弾おにぎり

| Before |

Foodstuff

カマンベールチーズ…1個
豚バラスライス肉…20 枚くらい
ご飯…100g
サラダ油…適量
塩、こしょう…少々
バター（切れているタイプ）…1 個
しょうゆ…適量

How to make

1 カマンベールチーズは横半分に切る。

2 豚バラスライス肉を放射状に並べ、
カマンベールチーズ 1 枚とご飯をのせ、
残りのカマンベールチーズをのせて肉で包む。

3 HSM にサラダ油を薄く塗り、**2** をのせ、塩、こしょうをふる。

4 蓋をして、弱火で 10 分くらい焼く。バターをのせて、しょうゆをかける。

Cooking Time

弱火で
5
分

ポテトの味を爆上げする
明太とチーズの最強タッグ

明太マヨチーズ
ポテト

\ *Before* /

Foodstuff

ジャガイモ（大）…2個
明太子…1.5腹（50g）
マヨネーズ…20g
サラダ油…適量
ピザ用チーズ…30g

How to make

1　ジャガイモは皮をむいて一口大に切り、茹でる。

2　明太子は皮から外してマヨネーズと混ぜる。

3　HSMにサラダ油を薄く塗り、
　　ジャガイモを並べて**2**をのせる。
　　蓋を閉じて弱火で3分ほど焼き、
　　蓋を開けてチーズをのせ、チーズが溶けるまで焼く。

加熱で味が変化するアボカド
サーモン&チーズと堪能

サーモンとアボカドの
ホットサンド

Foodstuff

オリーブオイル…適量
食パン（8枚切り）…2枚
マヨネーズ…適量
サーモンフィレ…100〜150g
塩、こしょう…少々

バジルペースト…適量
スライスチーズ…1枚
アボカド…1/2個
しょうゆ…適量（お好み）

| Before |

How to make

1 HSMにオリーブオイルを
薄く塗り、食パンをのせる。

2 食パンにバジルペースト、
マヨネーズを塗り、スライスチーズと
ひと口大に切ったサーモンフィレ、
アボカドをのせる。塩、こしょうをふり、
お好みでしょうゆをかける。

2 蓋をして弱火で7〜8分
裏返しながら焼く。

溶けたチーズで
風味が倍増！

Cooking Time

中火で
7〜8
分

カリカリチキンが超簡単に!

お手軽フライドチキン

| Before |

Foodstuff

鶏もも肉…丸ごと1つ
アウトドアスパイス…適量
薄力粉…適量
オリーブオイル…適量

How to make

1　鶏もも肉の両面にアウトドアスパイスをふり、
　　薄力粉をまぶす。

2　HSM にオリーブオイルを薄く塗り、1 を入れる。

3　中火で 7 〜 8 分裏返しながら焼く。きつね色にパリッと焼けたら
　　火を止め、蓋を閉めたまま数分間余熱で蒸らす。

Cooking Time

弱火で
5～6
分

口に広がる相性抜群の旨み

チーズ春巻き

\ Before /

Foodstuff

小麦粉…大さじ1
水…大さじ1
スライスチーズ…7枚
春巻きの皮（小）…7枚
サラダ油…適量

How to make

1 小麦粉と水を混ぜて、糊を作る。
スライスチーズを棒状に巻き、春巻きの皮で包んで、糊でつける。

2 HSMにサラダ油を薄く塗り、**1**を並べて弱火で5～6分焼く。

ごま油とチーズの絶品ビビンバ

石焼きビビンバ

Foodstuff

ごま油…適量
冷凍ビビンバ（市販品）…200g
スライスチーズ…2枚

How to make

1 HSMにごま油を薄く塗り、
  ビビンバの2/3量を入れる。
  スライスチーズをのせ、
  残りのビビンバを被せるようにのせる。

2 蓋を閉じて弱火で10〜12分、
  途中裏返して焼き目がつくまで焼く。

\ *Before* /

野菜たっぷり、簡単レバニラ!

レバニラ炒め

Foodstuff

豚レバー…100g
ニラ…1/2 束
もやし…50g

A 酒…大さじ 1
しょうゆ…小さじ 2
オイスターソース…小さじ 1/2
砂糖…小さじ 1/2
にんにく（チューブ）…少々
サラダ油…適量

How to make

1 レバーは一口大に切り、ニラはざく切りにする。
HSM にサラダ油を薄く塗り、豚レバーを焼く。

2 ニラともやしを加えて蓋をして、弱火で 4 分ほど焼く。

3 混ぜ合わせた **A** をまわしかけ、炒め合わせる。

\ Before /

マーボーと納豆、チーズの絶品三種混合!

マーボー納豆サンド

\ Before /

Foodstuff

マーボー豆腐…大さじ4
納豆…1パック
スライスチーズ…2枚
小ネギ…適量
食パン（8枚切り）…2枚
マーガリン…適量

How to make

1 HSMにマーガリンを薄く塗り、
　食パンを1枚のせる。
2 食パンにスライスチーズを1枚、マーボー豆腐、
　付属のタレで混ぜた納豆、小ネギの順でのせる。
3 もう1枚の食パンにスライスチーズをのせ、2に被せる。
4 蓋をして弱火で7〜8分裏返しながら焼く。

Cooking Time

弱火で

7〜8

分

梅肉＆マヨ効果でさんまがパンに合う！

さんまの蒲焼きと梅肉の ホットサンド

\ *Before* /

Foodstuff

マーガリン…適量
食パン（8枚切り）…2枚
マヨネーズ…適量
焼きのり…3〜4枚
スライスチーズ…2枚
さんま蒲焼き（缶詰）…3〜4枚
梅肉ペースト…適量

How to make

1 HSMにマーガリンを薄く塗り、食パンを1枚のせる。

2 食パンにマヨネーズ、焼きのり、スライスチーズ、
   さんま蒲焼きの順にのせる。

3 もう1枚の食パンに梅肉ペーストを薄く塗り、
   2に重ね、蓋を閉じて弱火で7〜8分裏返しながら焼く。

カリカリウインナーとナンが旨い!

サラダナンドッグ

\ Before /

Foodstuff

ケチャップ…小さじ2
マヨネーズ…小さじ2
サラダ油…適量
ナン（小さめのもの）…2枚
サラダ（市販品）…1個
ウインナー…6本
ピザ用チーズ…50g

How to make

1　ケチャップとマヨネーズを混ぜる。

2　HSMにサラダ油を薄く塗り、ナンを置く。
　　1を塗り、サラダとウインナーをのせて蓋を閉じ、
　　弱火で6〜7分裏返しながら焼く。

3　ピザ用チーズをのせてチーズを溶かす。
　　お好みでケチャップとマヨネース（どちらも分量外）をかける。同様にもう1個作る。

Cooking Time

弱火で
10～12
分

ヨーグルトで本格的な味わいに!

タンドリーチキン

\ *Before* /

Foodstuff

A | プレーンヨーグルト…大さじ 3
カレーパウダー（味付き）…大さじ 1
ケチャップ…大さじ 1 と 1/2
しょうゆ…小さじ 2
みりん…小さじ 1
塩…小さじ 1/2
にんにく、しょうが（チューブ）…各小さじ 1
鶏もも肉…2 枚
サラダ油…適量

How to make

1 **A** の材料を全て袋に入れて混ぜる。鶏肉はフォークなどで刺して、
味をしみやすくさせ、**A** の袋の中に入れて 2 時間漬け込む。

2 HSM にサラダ油を薄く塗り、鶏肉をのせて（1 枚）弱火で裏返しながら 10 ～ 12 分焼く。
同様にもう 1 枚焼く。HSM を裏返す際、油や水分が垂れることがあるので、
受け皿を用意しておくと良い。

中弱火で

15

分

手間いらずで大満足の焼き加減に!

トンテキ

\ Before /

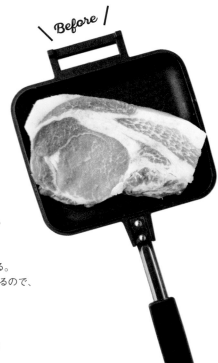

Foodstuff

豚ロース肉（厚め）…1 枚
塩、こしょう…少々
A しょうゆ…大さじ 1/2
みりん…大さじ 1
オイスターソース…小さじ 2
砂糖…大さじ 1/2
にんにく、しょうが（チューブ）…適量
サラダ油…適量

How to make

1 豚肉に塩、こしょうをふる。**A** を混ぜ合わせる。

2 HSM にサラダ油を薄く塗り、
豚肉を中弱火で 15 分くらい裏返しながら焼く。
両面に火が通ったら、混ぜた **A** をかけ、絡める。
HSM を裏返す際、油や水分が垂れることがあるので、
受け皿を用意しておくと良い。

カリッと食感の絶妙お好み焼き!
お好み焼き

\ Finish /

Foodstuff

キャベツ…150g　豚バラ薄切り肉…50g
お好み焼き粉…100g　卵（M玉）…1個
水…120ml　天かす…20g
紅しょうが…30g　サラダ油…適量
ソース、マヨネーズ…適量

How to make

1　キャベツは細かく切る。豚肉は食べやすい大きさに切る。
2　お好み焼き粉、卵、水、キャベツ、天かす、紅しょうがを入れて混ぜる。
3　HSMにサラダ油を薄く塗り、豚肉を半量並べ、**2**を半量入れる。蓋を閉じ、弱火で10分ほど裏返しながら焼く。ソースとマヨネーズを塗る。同様にもう1枚焼く。

弱火で 7〜8 分

チーズと肉でおにぎりがごちそう化!
肉巻きチーズ焼き おにぎり

\ Finish /

Foodstuff

冷凍おにぎり…2個　大葉…4枚
スライスチーズ…2枚　豚バラスライス肉…4枚
サラダ油…適量　小ネギ…適量

How to make

1　冷凍おにぎりを半分の厚さに切り、大葉と半分に切ったチーズを挟む。
2　**1**を豚バラスライス肉で巻く。
3　HSMにサラダ油を薄く塗り、**2**をのせ、蓋をして弱火で裏返しながら7〜8分焼く。小ネギをのせる。

とろけるバターとはちみつで衝撃のウマさ!

フレンチトースト

Before

Foodstuff

A 牛乳…90ml
卵…1 個
グラニュー糖…大さじ 1 と 1/2
食パン（4 枚切り）…1 枚
バター（切れているもの）…2 個
はちみつ…適量

How to make

1 **A**を混ぜ合わせる。食パンは 9 分割に切る。

2 **A**に食パンをつける（30 分くらい）。

3 HSM にバターを 1 個分塗り、**2** を並べて
弱火で 8 分ほど裏返しながら焼く。

4 バターをのせ、はちみつをかける。

Cooking Time

中弱火で
8
分

やみつき覚悟！絶品豚バラメニュー！

厚切り豚バラの生姜焼き

Finish

Foodstuff

豚バラブロック…250g
生姜焼きのタレ（市販品）…大さじ2
サラダ油…適量

How to make

1 豚バラ肉は厚めに切る。

2 HSM にサラダ油を薄く塗り、**1** を並べ、
中弱火で 8 分ほど裏返しながら焼く。

3 焼き目がついたら生姜焼きのタレを入れて絡める。
HSM を裏返す際、油や水分が垂れることがあるので、
受け皿を用意しておくと良い。

Cooking Time

弱火で
7〜8
分

バター風味の極上カリッと食感！

チーズ蒸し焼きパン

Finish

Foodstuff

バター（切れているもの）…1 個
チーズ蒸しパン（市販品）…1 個

How to make

1 HSM にバターを塗り、
チーズ蒸しパンを置いて蓋を閉じる。
ごく弱火で 7 〜 8 分裏返しながら焼く。

コンビニの
サンドイッチに
HSMで
魔法をかける

\ ただ焼いただけなのに
ウマさが倍増! /

タマゴサンド

Egg Sandwich
定番のタマゴサンドが
カリカリホクホク!

HSMのスゴさを実感するために、試しにコンビニでサンドイッチを買ってきて、HSMで焼いてみてほしい。チーズのとろけ具合、野菜のジューシー感、そしてパンのカリカリ具合など、美味しさが格段にアップすることに驚くはずだ。

ハムサンド

Ham Sandwich
ハムサンドの
チーズがとろける!

野菜サンド

Vegetable Sandwich
野菜サンドの
ジューシー感がUP!

Hot Sandwich Maker Recipes

Chapter 4

イタリアンなレシピ

サラミと卵が
リッチな味わい！

Cooking Time

弱火で
5〜7
分

餃子の皮が薄焼きピザに変身！
チーズとオリーブで本格テイスト！

| Before |

サラミと
黒オリーブのピザ

Foodstuff

オリーブオイル…適量	餃子の皮…6 〜 9 枚
ケチャップ…適量	スライスチーズ…2 枚
サラミ…1 本	ブラックオリーブ…適量
卵…1 個	アウトドアスパイス…適量

How to make

1 HSM にオリーブオイルを薄く塗り、
  餃子の皮を重ねつつ並べる。
  重ねた部分は水で接着する。

2 餃子の皮にケチャップを塗り、スライスチーズ、
  スライスしたサラミ、半分に切ったオリーブ、
  真ん中に生卵をのせる。

3 蓋をして弱火で 5 〜 7 分焼く。オリーブオイルを一回しして、
  好みでアウトドアスパイスをふる。

本格風味のリゾットが
超簡単・手軽に味わえる!

焼きおにぎりの
リゾット

Foodstuff

冷凍焼きおにぎり（市販品）…4 個
牛乳…100 〜 120ml
スライスチーズ…1 枚
粗挽きブラックペッパー…適量

\ Before /

How to make

1 HSM に冷凍焼きおにぎりを並べて牛乳を少し入れ、
  弱火で加熱する。

2 おにぎりが柔らかくなったら、崩しながら煮る。
  途中、牛乳を少しずつ加えながら煮て、
  スライスチーズをのせる。

3 ちょうど良いとろみ加減になったら火を止め、
  粗挽きブラックペッパーをふる。

こしょうの香りが
食欲をそそる！！

溶けてからむ
粉チーズが◎

Cooking Time

弱火で
6
分

焼きを入れてカリッとした
ナポリタンは別格のウマさ!

焼きナポリタン

\ *Before* /

MADE IN JAPAN

Foodstuff

サラダ油…適量
ナポリタン（市販品）…1 個
卵…1 個
粉チーズ…適量
ドライパセリ…少々

How to make

1 HSM に薄くサラダ油を塗り、
　　ナポリタンを入れる。

2 真ん中を少しくぼませ卵を割り入れる。
　　蓋を閉じ弱火で 4 分、裏返して 2 分ほど焼く。
　　粉チーズとドライパセリをかける。

明太子とネギで風味抜群！
腹持ちもいい絶品メニュー

餅と明太子のピザ

Foodstuff

サラダ油…適量
餃子の皮…6枚
明太子マヨネーズ…適量
餅…1個

刻みのり…適量
ピザ用チーズ…適量
明太子…1片
小ネギ…適量

刻みのりも
いい味発揮！

| Before |

How to make

1 HSM にサラダ油を薄く塗り、
餃子の皮を重ねつつ並べる。
重ねた部分は水で接着する。

2 餃子の皮に明太子マヨネーズを塗り、
チーズ、サイコロ状に切った餅をのせる。

3 蓋をして弱火で 5 〜 7 分焼く。
のり、刻んだ小ネギ、明太子をのせる。

HSM がフライパン代わり
クリーミーなメニューも簡単!

マカロニカルボ

Foodstuff

ベーコンブロック…50g
早ゆでマカロニ…30g
にんにく（チューブ）…小さじ1
オリーブオイル…適量
牛乳…50〜60ml
卵…1個
ピザ用チーズ…20g
塩、こしょう…少々
粗挽きブラックペッパー…少々

How to make

1 ベーコンは棒状に切る。
　マカロニは茹でておく。

2 HSM ににんにくとオリーブオイルを入れて
　弱火で加熱し、ベーコンを炒める。

3 中火にして、牛乳とチーズを入れ煮立ったら、
　マカロニと塩こしょうを入れて混ぜる。

4 溶き卵を入れてからめ、
　粗挽きブラックペッパーをふる。

Finish

ベーコンも
カリカリ！

加熱した生ハムの絶妙な塩加減!

生ハムと卵のピザ

\ Before /

Foodstuff

オリーブオイル…適量　　餃子の皮…6〜9枚
ケチャップ…適量　　　　ピザ用チーズ…適量
卵…1個　　　　　　　　椎茸…1/2個
生ハム…5〜6枚　　　　たかのつめ…適量
ブラックペッパー…適量

How to make

1　HSM にオリーブオイルを薄く塗り、
　餃子の皮を重ねつつ並べる。
　重ねた部分は水で接着する。

2　餃子の皮にケチャップを塗り、チーズを均等にのせる。
　真ん中に卵を割り入れ、まわりに椎茸のスライスと
　ちぎった生ハム、たかのつめをのせる。

3　蓋をして弱火で 5〜7 分焼く。好みでブラックペッパーをふる。

Cooking Time

弱火で
5〜7
分

まちがいようのないウマさ完成!

納豆とのりの和風ピザ

\ Before /

Foodstuff

サラダ油…適量   しょうゆ…適量
マヨネーズ…適量   ピザ用チーズ…適量
納豆…1 パック   小ネギ…適量
鷹の爪（輪切り）…適量   味つけのり…2 枚
餃子の皮…6 〜 9 枚

How to make

1 HSM にサラダ油を薄く塗り、餃子の皮を重ねつつ
　並べる。重ねた部分は水で接着する。
2 餃子の皮にしょうゆとマヨネーズを塗り、チーズ、
　納豆、刻んだ小ネギ、鷹の爪をのせる。
3 蓋をして弱火で 5 〜 7 分焼く。のりを刻んでふる。

弱火で 7〜8 分

解凍不要！簡単に極ウマ 1 品 UP！

ハッシュドポテトピザ

Foodstuff

ベーコンブロック…50g
冷凍ハッシュドポテト…2 枚
サラダ油…適量
ピザソース…適量
ピザ用チーズ…30g

How to make

1 ベーコンは棒状に切る。ハッシュドポテトの氷を払う。
2 HSM にサラダ油を薄く塗り、
　ハッシュドポテトを並べる。
3 2 にピザソースを塗りベーコンとチーズをのせて
　蓋を閉じ、弱火で 7 〜 8 分焼く。

\ Before /

Cooking Time

弱火で
4〜5
分

市販ピザが簡単に好みの一枚に!

マシマシ冷凍ピザ

\ Before /

Foodstuff

オリーブオイル…適量
冷凍ピザ（市販品）…1枚
具材（チーズ、ミニトマト、ソーセージ、ベーコンなど）
…お好みで
ブラックペッパー、アウトドアスパイス…少々

How to make

1　冷凍ピザは数時間前から常温で
　　自然解凍する。
2　HSM にオリーブオイルを薄く塗り、ピザを入れる。
3　お好みで用意した具材をのせ、弱火で 4 〜 5 分焼く。
　　好みでブラックペッパー、アウトドアスパイスをふる。

Cooking Time

弱火で

4

分

お餅をピザ生地に。 仰天発想の旨さ!

お餅ピザ

Foodstuff

ウインナー…2 本　　ピーマン…1 個
サラダ油…適量　　切り餅…2 個
水…60ml　　　　ピザソース…大さじ 2
ピザ用チーズ…50g

\ Before /

How to make

1 ウインナーとピーマンは輪切りにする。

2 HSM にサラダ油を薄く塗り、
切り餅を並べて水を入れる。 中火で加熱し、
お餅が平らに広がるまで、 両面を交互に焼いていく。

3 お餅が平らになったら、 ピザソースを塗り、
チーズと **1** をのせて弱火で **4** 分くらい焼く。

椎茸とチーズの
相性がバッチリ！

Cooking Time

弱火で
5
分

とろっと溶けたチーズと
椎茸の旨み・天国コラボ!

椎茸の
チーズ焼き

| Before |

Foodstuff

椎茸…5 〜 6 個
ピザ用チーズ…50 〜 60g
サラダ油…適量
しょうゆ…少々
ドライパセリ…少々

How to make

1 椎茸は軸を取って、ピザ用チーズを詰める。
2 HSM にサラダ油を薄く塗り、
　 1 を並べて蓋をし、弱火で 5 分ほど焼く。
3 チーズが溶けたらしょうゆをまわしかけ、
　 ドライパセリをふる。

弱火で
5
分

ホクホクの芽キャベツと
まろやかベーコンを堪能!

芽キャベツと
ベーコンの
ガーリックペッパー
炒め

\ *Before* /

Foodstuff

芽キャベツ…100g
ベーコン…50g
塩…適量
オリーブオイル…大さじ1
にんにく（チューブ）…小さじ1
たかのつめ（輪切り）…小さじ1
塩、こしょう…少々

How to make

1　芽キャベツは半分に切る。
　　ベーコンは食べやすい大きさに
　　スライスする。

2　塩とオリーブオイルを入れて
　　沸騰させたお湯（分量外）で
　　芽キャベツを2〜3分茹でて、湯を切る。

3　HSMにオリーブオイルを大さじ1杯入れ、
　　2を並べる。にんにくをかけ、
　　たかのつめをのせ、塩こしょうしたら、
　　弱火で5分芽キャベツの両面に焦げ目が付くまで焼く。

カリカリ食感の鶏皮で
餃子を味わう至福の一品!

鶏皮餃子

\ Before /

肉々しい
ジューシーな旨さ

Foodstuff

ニラ…1/3 束
鶏ひき肉…200g
鶏皮…150g

A しょうゆ…大さじ 1
酒…大さじ 1/2
ごま油…小さじ 1
塩、こしょう…少々
片栗粉…大さじ 1

サラダ油…適量

How to make

1 ニラは細かく刻み、鶏ひき肉と **A** と一緒によく練る。8 等分に分ける。

2 鶏皮を広げ、**1** を包む。

3 HSM にサラダ油を薄く塗り、**2** を閉じ目を下にして並べ、
弱火で 12 ～ 15 分裏返しながら焼く。
HSM を裏返す際、油や水分が垂れることがあるので、
受け皿を用意しておくと良い。

ふわふわの長芋とネギの
食感と風味で手軽に完成！

ネギとろろ焼き

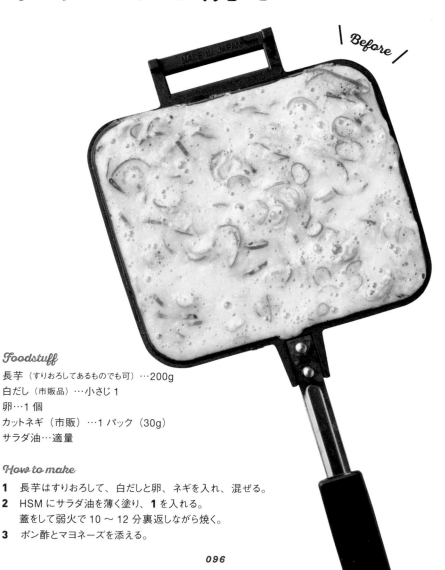

| Before |

Foodstuff

長芋（すりおろしてあるものでも可）…200g
白だし（市販品）…小さじ1
卵…1個
カットネギ（市販）…1パック（30g）
サラダ油…適量

How to make

1　長芋はすりおろして、白だしと卵、ネギを入れ、混ぜる。
2　HSMにサラダ油を薄く塗り、1を入れる。
　　蓋をして弱火で10〜12分裏返しながら焼く。
3　ポン酢とマヨネーズを添える。

ポン酢とマヨで
旨みが倍増！

シンプル食材で旨み集結
王道メニューも手軽に完成

ジャーマン
チーズポテト

Foodstuff

たまねぎ…1/4 個
ベーコンブロック…50g
オリーブオイル…適量
冷凍ポテト…150g
にんにく（チューブ）…小さじ 1
塩、こしょう…適量
ピザ用チーズ…30g

ベーコンの
焦げ目も効く！

How to make

1 たまねぎは薄切り、ベーコンは棒状に切る。
2 HSM にオリーブオイルを塗り、ポテトと **1**、にんにくを入れ、塩、こしょうをふって中弱火で5分くらい裏返しながら焼く。
3 チーズをのせて蓋を閉じ、溶かす。

明太とチーズ
絶妙のコンビ

外カリカリ中ふんわりな
もち明太、箸も酒も進む!

もち明太チーズ揚げ

Foodstuff

もち…2個
春巻きの皮…2枚
ピザ用チーズ…適量
塩…少々
明太マヨネーズ…適量
水溶き片栗粉…適量
サラダ油…適量

How to make

1 もちは1個を4等分に細長く切る。
  春巻きの皮は十字に切り4等分(8枚)にする。

2 春巻きの皮をひし形に置き、もち、チーズ、
  明太マヨネーズを中央よりやや下にのせる。
  春巻きの皮を下から一回転巻き、水溶き片栗粉で
  接着させながら左右を中に折り込み、最後に上から閉じる。

3 HSMにサラダ油を薄く塗り、さらに大さじ1杯分の
  サラダ油を入れて、2を並べる。

4 蓋をして片面3〜4分ずつ中火で揚げる。
  HSMを裏返す際、油や水分が垂れることがあるので、
  受け皿を用意しておくと良い。最後に塩をふる。

\ Before /

弱火で
5～6
分

カリッとした厚揚げと
チーズ＆ネギのコラボが絶品！

厚揚げチーズ
サンド

| Before |

のせた生姜と
しょうゆが活躍

Foodstuff

厚揚げ…2 枚
スライスチーズ…2 枚
しょうゆ…適量
砂糖…適量
サラダ油…適量
生姜チューブ…適量
小ネギ…適量

How to make

1　半分の厚さにスライスした
　　厚揚げの間にチーズを挟む。

2　しょうゆと砂糖を混ぜ合わせる。

3　HSM にサラダ油を薄く塗り、1 を置く。

4　蓋をして片面ずつ弱火で 5 〜 6 分焼く。
　　生姜をのせ、2 をかけ、刻んだネギを散らす。

103

外はカリカリ、 中ジューシー
鶏と焼きネギの旨さを痛感!

ねぎま

\ Before /

Foodstuff

鶏もも肉…1 枚
白ネギ…1 本
サラダ油…適量
アウトドアスパイス…適量

How to make

1 鶏もも肉は 9 個くらいに切る。
   白ネギは、6 等分くらいに切る。

2 HSM にサラダ油を薄く塗り、
   1 を並べてアウトドアスパイスをふる。

3 中弱火で 8 〜 10 分裏返しながら焼く。
   HSM を裏返す際、油や水分が垂れることが
   あるので、受け皿を用意しておくと良い。

旨みをもたらす
ほんのり焦げ目

たった2分で極上酒蒸し完成!

あさりの酒蒸し

\ Before /

Foodstuff

あさり（殻つき）…150〜200g
サラダ油…適量
にんにく、生姜（チューブ）…少々
酒…大さじ1と1/2
しょうゆ…少々

How to make

1 あさりは塩水（分量外）につけて、砂抜きする。

2 HSMにサラダ油をひき（小さじ1程度）、
にんにくと生姜を炒める。

3 あさりを加えて酒をかけ、蓋を閉じて中弱火で
2分くらい蒸す。好みでしょうゆをかける。

Cooking Time

中火→弱火で
8～10
分

バター風味のアボカドは別格!

アボカドのバターしょうゆ

\ Before /

Foodstuff

サラダ油…適量
アボカド…1個
バター…適量
しょうゆ…適量
ブラックペッパー…適量

How to make

1　HSM にサラダ油を薄く塗り、
　一口大に切ったアボカドを並べる。
　蓋をして中火で焼く。

2　焼き目が付いたら、とろ火～弱火にし、
　バターとしょうゆを入れて煮からめる。
　好みでブラックペッパーをふる。

新玉の甘みと旨みをバターで強化!

新玉ねぎの
ガリバタステーキ

Foodstuff

新玉ねぎ…1個
サラダ油…適量
にんにく（チューブ）…適量
バター（切れているもの）…4個
アウトドアスパイス…適量

\ Before |

How to make

1　新玉ねぎを横に4等分に切る。

2　HSMにサラダ油を薄く塗り、**1**を2個並べ、
　蓋を閉じて弱火で6分くらい裏返しながら焼く。
　両面に少し焦げ目がついたところで、にんにくと
　バターを1個入れ、さらに2〜3分ほど焼く。

3　アウトドアスパイスをふり、追いバターを1個のせる。
　同様にもう1回作る。

カリッと食感としょうゆバターが絶品!

香ばし 焼きとうもろこし

\ Before /

Foodstuff

コーン缶…1缶（150g）
小麦粉…大さじ3
バター（切れているタイプ）…2個
しょうゆ…適量

How to make

1 コーン缶は汁気を切って、小麦粉をまぶす。

2 HSMに**1**を入れ、バターを1個のせて蓋を閉じ、
   弱火で6〜7分裏返しながら焼く。

3 残りのバターをのせ、しょうゆをかける。

中火で
5〜6
分

厚揚げをお好み焼き風味で堪能!

お好み焼き風厚揚げ

\ Before /

Foodstuff

サラダ油…適量
厚揚げ…2 枚
お好み焼きソース…適量
マヨネーズ…適量
かつお節…適量
青のり…適量

How to make

1 HSM にサラダ油を薄く塗り、厚揚げを並べる。
2 蓋をして中火で片面 2 〜 3 分ずつ焼く。
3 ソース、マヨネーズをかけ、かつお節と青のりをふる。

弱火で
5〜7
分

片栗粉でパリパリ! のりと相性抜群!

カニカマの磯辺巻

\ Before /

Foodstuff

カニカマ…10 本
のり…10 枚
片栗粉…適量
にんにく (チューブ)、しょうゆ、砂糖…適量
サラダ油…適量

How to make

1 カニカマをのりで巻き、片栗粉をまぶす。
2 にんにく、しょうゆ、砂糖を混ぜ合わせてタレを作る。
3 HSM にサラダ油を薄く塗り、1 を並べる。
　 蓋をして弱火で 5 〜 7 分裏返しながら焼く。
4 2 につけて食べる。

旨み凝縮の焼きソラマメが簡単に!

ソラマメの姿焼き

Foodstuff

ソラマメ（さや付き）…4～5本
塩…適量
サラダ油…適量

How to make

1 HSM にサラダ油を薄く塗り、ソラマメを並べる。
2 蓋をして弱火～中火で焦げ目が付くらいまで
　 8～10 分裏返しながら焼く。
3 ソラマメをさやから剥がして塩をつけて食べる。

Before

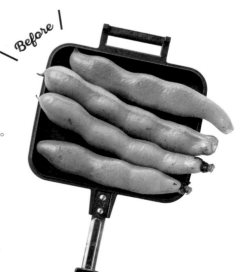

パリパリ皮から旨みが溶ける!

チーズ
スティック

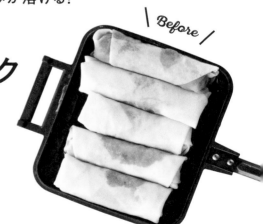

\ *Before* /

Foodstuff

さけるチーズ…1 本
ビアソーセージ…5 枚
春巻きの皮（小）…5 枚
ピザソース…大さじ 2
小麦粉、水…少々
サラダ油…大さじ 2

How to make

1 さけるチーズを割いて、5 等分に分ける。ビアソーセージでチーズを巻く。

2 春巻きの皮にピザソースを塗り、**1** を巻く。小麦粉と水を混ぜた糊で接着する。

3 HSM にサラダ油を入れ、中火で 4 〜 5 分 **2** を揚げ焼きにする。

絶品食感をにんにく風味で満喫!

軟骨唐揚げ

\ Before /

Foodstuff

鶏ひざ軟骨…250g
にんにく（チューブ）…小さじ1
アウトドアスパイス…小さじ2程度
小麦粉…大さじ3〜4
サラダ油…大さじ2

How to make

1 ひざ軟骨を袋などに入れ、
　にんにくとアウトドアスパイスを入れて揉み込む。
2 **1** に小麦粉をまぶしつける。
3 HSMにサラダ油を入れ、中火で4〜5分揚げ焼きにする。

缶詰利用で超簡単!極旨おつまみ

ぶっこみアヒージョ

\ Before /

Foodstuff

マッシュルーム…4個
オイルサーディン缶…1缶
たかのつめ…少々
塩、こしょう…少々

How to make

1 マッシュルームは厚めに切る。
2 HSMにオイルサーディンと**1**を入れ、
　たかのつめ、塩、こしょうを入れて、
　蓋を閉じて弱火で3〜4分加熱する。

115

パリッとした食感とチーズの旨み！

ちくわのチーズ磯辺揚げ

\ Before /

Foodstuff

さけるチーズ…1 本

ちくわ…4 本

A 小麦粉、片栗粉…大さじ1
青のり…小さじ1
水…大さじ2

サラダ油…大さじ2

How to make

1 さけるチーズを4等分に割き、ちくわの穴に詰める。
　 A は混ぜ合わせる。

2 **A** にちくわをくぐらせる。

3 HSM にサラダ油を入れ、4〜5分中火で揚げ焼きにする。

焼くだけで、 激ウマな一品完成!

厚切りハムの ガリバタステーキ

Foodstuff

バター…20g くらい
にんにく…2 片
厚切りハム…2 枚
ブラックペッパー…適量

How to make

1 HSM にバターを溶かして、スライスした
にんにくを炒める。

2 ハムを置いて、弱火で 5 〜 6 分焼いて、
ブラックペッパーをふる。

| Before |

弱火で
5〜6
分

甘辛しょうゆ味でまったり!

屋台風イカ焼き

\ Before /

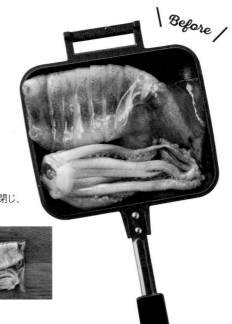

Foodstuff

イカ…1杯

A しょうゆ、みりん、酒…各大さじ1
　　砂糖…大さじ1/2
　　生姜（チューブ）…少々

サラダ油…適量

How to make

1 イカは下処理をし、胴に切れ目を入れる。
　　混ぜ合わせた **A** に10分漬ける。

2 HSMにサラダ油を薄く塗り、**1** を置いて蓋を閉じ、
　　弱火で5〜6分裏返しながら焼く。
　　HSMを裏返す際、
　　油や水分が垂れることが
　　あるので、
　　受け皿を用意しておくと良い。

弱～中火で
7～8
分

焼けばとろける、ネギの旨み!

泥つきネギの姿焼き

\ Before /

Foodstuff

サラダ油…適量
泥つきネギ…1 本
A｜みそ…大さじ 1
　｜砂糖…大さじ 1
　｜しょうゆ…小さじ 1
　｜豆板醤…小さじ 1/2
　｜ごま油…小さじ 1

How to make

1 HSM にサラダ油を薄く塗り、
　HSM のサイズに合わせて切ったネギを並べる。
2 蓋をして弱火～中火で 7 ～ 8 分裏返しながら、
　ネギに焦げ目が付くまで焼く。
3 ネギの皮を剥いで、**A** を混ぜ合わせたタレにつけて食べる。

Cooking Time

中火で
7〜8
分

ボイル&ソテーでカリッと食感に!

ソーセージの
ガリバタ焼き

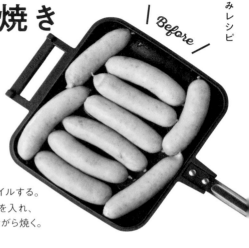

| Before |

Foodstuff

ソーセージ…8 〜 10 本
水…大さじ 4
バター…適量
すりおろしニンニク（チューブでも可）…小さじ 1
ブラックペッパー…少々（お好み）

How to make

1　HSM にソーセージと水を入れ、
　中火で 5 〜 6 分、ソーセージを裏返しながらボイルする。
2　水がなくなってきたらバターとすりおろしニンニクを入れ、
　全体に馴染ませながら焼き目がつくまで裏返しながら焼く。
　好みでブラックペッパーをふる。

Cooking Time

中弱火で
6〜8
分

ポンマヨ&ネギで無敵のおつまみ

せせりポンマヨ

| Before |

Foodstuff

サラダ油…適量
せせり…200g
ポン酢…適量
マヨネーズ…適量
刻みネギ…20g

How to make

1　HSM にサラダ油を薄く塗り、せせりを並べる。
2　中弱火で 6 〜 8 分裏返しながら焼く。
3　ポン酢、マヨネーズをかけ、刻みネギをのせる。
　HSM を裏返す際、油や水分が垂れることがあるので、
　受け皿を用意しておくと良い。

はんぺんと中のすべてが黄金の相性!

明太マヨチーズ はんぺん

Foodstuff

はんぺん…2 個
スライスチーズ…2 枚
明太マヨネーズ…適量
サラダ油…適量
乾燥パセリ…適量（お好み）
バター、しょうゆ…適量（お好み）

| Before |

How to make

1 　はんぺんは横にスライスして半分にする。
2 　片方のはんぺんにスライスチーズをのせて、
　　明太マヨネーズを塗り、もう片方のはんぺんで挟む。
3 　HSM にサラダ油を薄く塗り、2 をのせて、
　　弱火で 7 〜 8 分裏返しながら、
　　はんぺんに焼き目がつくまで焼く。
4 　お好みで乾燥パセリやバター、しょうゆをかけて食べる。

Cooking Time

中火で
8
分

カリカリ手羽をピリ辛風味で満喫

辛味手羽先

\ Before /

Foodstuff

鶏手羽先…4 個
豆板醤（液状タイプ）…大さじ 2
片栗粉…適量
サラダ油…適量

How to make

1 保存袋に手羽先と豆板醤を入れて揉み込み、
　30 分ほど漬ける。

2 **1** に片栗粉をまぶしつける。

3 HSM に多めに油を入れ（大さじ 2 程度）、
　2 を入れて中火で 8 分揚げ焼きにする。

キムチを卵でとじて激ウマの一品に

キムチのチヂミ風

\ *Before* /

Foodstuff

ごま油…適量
白菜キムチ（市販品）…100g
卵…2個
カットネギ（市販品）…1パック（30g）

How to make

1　HSMにごま油を薄く塗り、キムチを炒める。
2　溶き卵を流し入れ、ネギをのせて蓋をし、
　　弱火で1〜2分裏返しながら焼く。

豚キムチにチーズオンで旨み爆アゲ!

豚キムチーズ

\ Before /

Foodstuff

豚肉（バラ、切り落としなど）…150g
サラダ油…適量
塩、こしょう…少々
白菜キムチ（市販品）…70g
ピザ用チーズ…30g

How to make

1　豚肉は一口大に切る。

2　HSM にサラダ油を薄く塗り、豚肉をのせて
　　軽く塩こしょうをし中火で炒める。

3　豚肉に火が通ったところでキムチを入れ、
　　炒め合わせる。チーズをのせて蓋を閉じ、チーズを溶かす。

HSM なら
スイーツメニューも
簡単にこなせる

ホットケーキ
Hot cake

Foodstuff

ホットケーキミックス…1 袋（150g）
卵…1 個
牛乳…100ml
バター（切れているもの）…2 個
はちみつ…適量

How to make

1 ボウルに卵と牛乳を入れて混ぜる。
   ホットケーキミックスを加えて混ぜる。
2 HSM にバター（1 個）を塗り、
   1 を流し入れる。
3 蓋を閉じ、ごく弱火で 15 分ぐらい
   裏返しながら焼く。残りのバターを
   のせ、はちみつをかける。

おさつバター
Osatsu butter

Foodstuff

さつまいも…150 ～ 180g
バター（切れているもの）…1 個
砂糖…大さじ 2 程度（お好みで）

How to make

1 さつまいもは皮をむいて
   スティック状に切る。
   水に 5 分ほどつけてアクを抜く。
2 1 の水気を切って、
   HSM に並べバターと砂糖をのせて
   蓋をし、弱火で 10 ～ 12 分くらい
   裏返しながら焼く。

この本のレシピを教えてくれたアウトドアの達人たち

キャンプめし愛好会

大好きなキャンプを、
さらに料理で盛り上げて、
多くの方に楽しんでもらうことを目的に活動。
ホットサンドメーカーをはじめ、
様々なアウトドア料理を日夜研究中。

VASTLAND

2018年2月に兵庫県で誕生したアウトドアブランド「VASTLAND」。価格、品質、使いやすさ、直販、思い出づくりの5つにこだわり、本書で使用しているHSMをはじめ、アウトドアの楽しみをサポートしてくれる製品が揃う。

HP：https://vastland.co.jp
Instagram：vastland.jp

ベランダ飯

ホットサンドメーカー、メスティン、スキレットの使い手で、コンビニ食材を中心にした簡単かつ絶品のキャンプ料理を、SNSで365日、毎日発信するキャンプ飯研究家。その名の通り、「インドアで楽しめるアウトドア」をコンセプトに活躍中。

HP：https://inaka-kurashi.co.jp/camplog/
Instagram：veranda_meshi

しらいしやすこ

料理家。フードスタイリスト。広告や書籍、雑誌、CM、ウェブなど幅広いジャンルで活躍する傍ら、週末はカフェオーナーも務めるなど、多忙な日々を送る。大好きな山に登ることを想像しながら、新たなアウトドアレシピ作りにも余念がない。

編／キャンプめし愛好会

Staff

レシピ制作	しらいしやすこ
デザイン	近藤みどり
校正	東京出版サービスセンター
撮影	柴田和宣（主婦の友社）
制作	風間拓
制作協力	堀井美智子
編集担当	中川通（主婦の友社）

これって ホットサンドメーカーで作る
絶対ウマいやつ！

2021年7月10日　第1刷発行
2021年11月10日　第2刷発行

編　者	主婦の友社
発行者	平野健一
発行所	株式会社 主婦の友社
	〒141-0021　東京都品川区上大崎3-1-1 目黒セントラルスクエア
	電話 03-5280-7537（編集）03-5280-7551（販売）
印刷所	大日本印刷株式会社